Niels Brabandt

Handhabung von Personalfluktuation in Krisenzeiten

Personalressourcenerhaltung und

Potenzialentwicklung in schwierigen Zeiten

4. Auflage

4. Auflage 2011

Alle Rechte vorbehalten.

Berlin 2011

© Niels Brabandt

Herstellung und Verlag: BoD – Books on Demand, Norderstedt

ISBN: 978-3-7431-1778-5

Inhalt

1   Einleitung

In Zeiten unternehmerischer Krisen steht häufig der Personalabbau an erster Stelle. Mit diesem Wissen begegnen auch die Mitarbeiter einer Unternehmenskrise und reagieren entweder mit Kündigung oder Resignation. Beides schadet dem Unternehmen gleichermaßen zusätzlich, da dem Unternehmen dadurch während der Krise und insbesondere dem folgenden Aufschwung wertvolles Humankapital und Know-how fehlen. Daher sollten Unternehmen stets langfristige Ziele verfolgen anstelle kurzfristiger, um Krisen überhaupt überstehen zu können. Von zentraler Bedeutung ist ein strategisches Personalmanagement, dem es gelingt, Mitarbeiter auch und gerade in Krisenzeiten zu motivieren und an das Unternehmen zu binden. Denn in den meisten Unternehmen sind die Krisenzeiten nach einer meist relativ gut zu bestimmenden Zeitspanne zu Ende. Genau dann fehlen in vielen Unternehmen und Organisationen bereits die besten Köpfe, sodass die Rekrutierung und Einarbeitung neuer Mitarbeiter letztlich kostenintensiver wird als das vermeintliche Einsparpotenzial durch Personalabbau oder Strategien zur Mitarbeiterbindung. Ziel dieser Arbeit ist es, die Ursachen für Personalfluktuation in

Krisenzeiten und Strategien zur Mitarbeiterbindung aufzuzeigen.

Dazu werden zunächst Wesen und Wirkung von Krisen erläutert, bevor Managementstrategien und Instrumente zur Mitarbeiterbindung analysiert werden.

2 Wesen und Wirkung von Krisen

2.1   Begriff und Charakteristika von Krisen

Krise bedeutete ursprünglich den Bruch in einer kontinuierlichen Entwicklung.[1] Im heutigen Sprachgebrauch ist der Begriff überwiegend mit negativen Assoziationen verbunden, dass Krisensituationen in der Regel als Bedrohung und weniger als Chance gesehen werden. Dies gilt insbesondere für Unternehmenskrisen. Mit Unternehmenskrise bezeichnet man in der neueren Literatur „ungeplante und ungewollte, zeitlich begrenzte Prozesse (...), die in der Lage sind,

---

[1] Vgl. Plankert (2009), S. 5

den Fortbestand der Unternehmung

substanziell zu gefährden oder sogar

unmöglich zu machen".[2] Charakteristische

Merkmale von (Unternehmens-) Krisen sind

die in der Regel einseitig negative

Wahrnehmung der Situation, ein starkes

Informationsinteresse und -bedürfnis, hohe

Komplexität und ein „unmittelbarer, starker

Entscheidungs- und Handlungsdruck bei

gleichzeitig geringem Handlungsspielraum".[3]

Dies hängt vor allem mit dem drohenden

Imageverlust für Unternehmen in

Krisenzeiten zusammen, denn das Image

gewinnt gerade in Krisenzeiten

---

[2] Gabler Wirtschaftslexikon (2005), S. 3063
[3] Plankert (2009), S. 5. Plankert verweist darauf, dass die Definition von Krise eine Definition der Medien und der Öffentlichkeit sei, die in diesem Zusammenhang eine entscheidende Rolle spielten. Vgl. ebd., S. 6

Aufmerksamkeit und sein Wert wird erst beim Verlust bemerkt.[4] Krisen können also binnen kürzester Zeit im Verlauf vieler Jahre erarbeitetes Vertrauen und Glaubwürdigkeit in Frage stellen und damit das Image eines Unternehmens dauerhaft beschädigen.[5] Buschmann unterscheidet drei zentrale Krisenwirkungen:[6]

1. nachlassende Unterstützung durch Stakeholder
2. zunehmenden Effizienzverlust und rückläufige Wettbewerbsfähigkeit
3. Veränderung von Entscheidungsprozessen

---

[4] Vgl. ebd., S. 7
[5] Vgl. ebd.
[6] Buschmann (2006), S. 19

Aufgrund dieser Effekte kommt es zu einer geringeren Anpassungsfähigkeit an ein sich wandelndes Unternehmensumfeld. Erschwerend kommt hinzu, dass Strategieänderungen seltener werden und das Innovationspotenzial sinkt. Damit sinken auch die Möglichkeiten, angemessen auf Krisenursachen zu reagieren und notwendige Veränderungen zu initiieren.[7] Krisen stellen in jeder Hinsicht folglich eine

---

[7] Vgl. ebd.

Ausnahmesituation dar, die die Mitarbeiter wie die Führungskräfte in hohem Maße verunsichert, da sie mit Stress, Ängsten, persönlichen Konflikten und Misserfolgserlebnissen gleichgesetzt werden.[8]

---

[8] Vgl. Krystek/Moldenhauer (2007), S. 59

2.2 Verhalten von Mitarbeitern und Führenden in Krisensituationen

Vor diesem Hintergrund reagieren Führungskräfte wie Mitarbeiter in akuten Krisensituationen zunächst einmal sehr ähnlich, denn beide Gruppen begegnen der Unbestimmtheit und Bedrohlichkeit solcher Situationen mit Angst.[9] Im Mittelpunkt steht dabei vor allem die Angst um den Arbeitsplatz und damit das Einkommen. Mitarbeiter, die etwa aufgrund einer Unternehmensschließung ihren Arbeitsplatz verloren haben, mussten häufig nicht nur mit

---

[9] Vgl. ebd., S. 62

empfindlichen Einkommenseinbußen rechnen, wenn sie einen neue Stelle antraten, sondern zudem mit zusätzlichen Kosten, die sich aus Umzügen und anderen Veränderungen ergaben, die in Zusammenhang mit dem neuen Arbeitsplatz standen.[10] Dazu kommt die Skepsis gegenüber der Unternehmensentwicklung in der Krise. Arbeitsplatzabbau, Schließung von Produktionsstätten und Standorten sowie Eigentümerwechsel werden zumeist kritisch gesehen, da diese in der Regel mit einem weiteren Arbeitsplatzabbau in Verbindung stehen.[11] Und auch Kürzungen des „Komfortgrades" von Mitarbeitern in Form

---

[10] Vgl. Buschmann (2006), S. 123
[11] Vgl. ebd.

von geringeren freiwilligen Leistungen oder Einschränkungen bei den Reisekosten beispielsweise können zu Demotivation, innerer Kündigung und schließlich ungewollter Fluktuation führen.[12] Denn gerade leistungsstarke Mitarbeiter dürften bestrebt sein, sich nach Alternativen umzusehen, bevor das Image ihres Unternehmens Schaden genommen hat und damit eventuell auch ihr eigener Wert auf dem Arbeitsmarkt sinkt. Daraus resultieren dann zunehmend Spannungen und Konflikte zwischen dem Management und den Mitarbeitern, da es auf der einen Seite gilt, das Unternehmen aus der Krise zu führen,

---

[12] Vgl. ebd.

auf der anderen Seite aber eben auch darum

geht, Mitarbeiter, allen voran die

leistungsstarken, im Unternehmen zu halten.

2.3 Fluktuation

Auf Unternehmensbasis kann Fluktuation verschiedene Bedeutungen haben, je nachdem, ob die Fluktuation eine natürliche Ursache hat, wie beispielsweise das Ableben oder den Ruhestand eines Arbeitnehmers, oder unternehmensbedingt ist, etwa durch Stellenabbau, Stellenwechsel innerhalb des Unternehmens oder die Kündigung durch den Mitarbeiter selbst. Im Kontext dieser Arbeit wird Fluktuation verstanden als „Wechsel eines Arbeitnehmers von einem Unternehmen zu einem anderen".[13] Dabei ist in Phasen der

---

[13] Gabler Wirtschaftslexikon (2005), S. 1080–1081

Hochkonjunktur regelmäßig eine höhere Fluktuation zu verzeichnen als in Phasen des Beschäftigungsrückganges.[14] Häufig ist die so genannte „innere Kündigung" Vorstufe und Auslöser für den Wechsel des Arbeitsplatzes. Insofern muss Fluktuation nicht unbedingt negativ sein, da in wirtschaftlich schwierigen Zeiten Eigenkündigungen von Mitarbeitern durchaus willkommen sein

können – vorausgesetzt, es kündigen nicht jene Mitarbeiter, die man im Unternehmen halten möchte.[15]

Auslöser für den Wechselwillen von Arbeitnehmern ist regelmäßig die

---

[14] Vgl. ebd.
[15] Vgl. Kolb (2008), S. 162

Arbeitsunzufriedenheit, die in Krisenzeiten in der Regel noch verstärkt wird. Wie Hentze / Graf konstatieren, belegen empirische Studien einen positiven Zusammenhang zwischen der Arbeitszufriedenheit und der Fluktuationsrate: je höher die Arbeitszufriedenheit, desto geringer die Fluktuation.[16] Die Unzufriedenheit mit dem Arbeitgeber und/oder dem Arbeitsplatz kann vielschichtige Gründe haben wie beispielsweise Gehalt, Arbeitszeiten, schlechtes Betriebsklima, Mobbing, fehlende Weiterbildungs- und Aufstiegschancen etc. Unzufriedene Mitarbeiter zeigen weniger Leistung, unbesetzte Stellen verursachen

---

[16] Hentze/Graf (2005), S. 51

einen höheren Arbeitsanfall bei den anderen

Mitarbeitern und Neueinstellungen sind mit

Mehraufwand verbunden, um das

Wissenspotenzial neu aufzubauen. Insofern

bedarf es gerade in Krisenzeiten einer gut

durchdachten Personalstrategie um

ungewollte Personalfluktuation zu vermeiden.

3 Strategisches Personalmanagement in der Krise

3.1 Vertrauenszuwachs durch problemorientierte Führung und Kommunikation

Fast jede Unternehmenskrise ist mit einem Vertrauensverlust verbunden. Vertrauen, das Kreditgeber, Kunden und auch die Mitarbeiter in das Unternehmen hatten. Die Wiederherstellung dieses Vertrauens ist eine wesentliche Anforderung an das Krisenmanagement.[17] Vertrauen ist damit der wesentliche Faktor einer nachhaltigen Personalstrategie.[18] Denn qualifizierte, leistungsbereite und loyale Mitarbeiter sind

---

[17] Vgl. Wlecke (2006), S. 491
[18] Vgl. Englert (2008)

eine Grundvoraussetzung für den Erfolg des
Unternehmens, und das sowohl kurz- als
auch langfristig.[19] Nachhaltigkeit beinhaltet
aber auch ein Krisenmanagement, das
bereits zum Zeitpunkt der objektiven
Entstehung einer Krise einsetzt und nicht erst
ab dem Zeitpunkt ihrer subjektiven
Wahrnehmung.[20] Eine krisenangepasste
Personalstrategie muss folglich darauf
abzielen, die Mitarbeiter im Unternehmen zu
halten. Gehen in Krisenzeiten Schlüsselkräfte
verloren, schwächt dies auch die
Wettbewerbsfähigkeit der Unternehmen nach
der Krise.[21] Das notwendige Vertrauen, um

---

[19] Vgl. ebd.
[20] Vgl. Krystek (2005), S. 1815
[21] Vgl. Englert (2008)

Mitarbeiter im Unternehmen zu halten,

entsteht vor allem durch Kommunikation und

die offene Auseinandersetzung mit den

Schwierigkeiten des Unternehmens. Als

Führungsstil hat sich hier die so genannte

problemorientierte Führung bewährt.

Problemorientierte Führung bedeutet, dass

die Führungskräfte „bewusst eine

Verlustperspektive einnehmen und ein

Bedeutungsmanagement durch die

Interpretation einer Bedrohung und somit

einer negativen Vision betreiben können".[22]

Das Versprechen, die Bedrohung vom

Unternehmen abwenden zu wollen und

Schlimmeres zu verhindern, erweist sich als

---

[22] Bruch/Kunz (2010), S. 453

ebenso „tauglich und handlungsrelevant" wie eine positive Vision.[23] Wesentlich ist die Verantwortung der Führungskräfte gegenüber den Mitarbeitern, die auch nach außen kommuniziert und demonstriert wird. Mitarbeiter, die gut informiert sind und an Unternehmenswerte glauben, sind nicht nur eher bereit, sich für die Rettung des Unternehmens einzusetzen, sondern können unter Umständen sogar einen Beitrag zur Problemlösung leisten.

Damit die Kommunikation aber gerade in der Krise offen und erfolgreich sein kann, muss auch die „Routinekommunikation", die

---

[23] ebd.

außerhalb von Krisenzeiten dominiert, so ausgerichtet sein, dass sie bereits die Rahmenbedingungen und die Kontinuität für die Krisenkommunikation schafft – „nur wer den Normalfall beherrscht, kann in der Krisensituation erfolgreich sein".[24] Die Bedeutung der Krisenkommunikation belegt der Umstand, dass mangelhafte Krisenkommunikation eines Unternehmens nicht nur bei den Mitarbeitern, sondern häufig auch in der Öffentlichkeit zu mehr Empörung führt als die eigentlichen Krisenauslöser.

---

[24] Plankert (2009), S. 10

Die „Peanuts" von Deutsche-Bank-

Vorstandssprecher Hilmar Kopper 1994 bei

einer Pressekonferenz gelten hierfür als

Paradebeispiel.[25]

3.2 Krisensolidarität statt Kündigung

Unternehmen, die sich durch ein hohes Maß an Vertrauen und Glaubwürdigkeit auszeichnen und in denen eine offene, produktive Kommunikationskultur herrscht, gelingt es dann auch eher, ihre Mitarbeiter zur Solidarität in der Krise zu motivieren. „Vertrauen reduziert Unsicherheit"[26], so dass Mitarbeiter, die an ihr Unternehmen glauben, auch zu Leistungskürzungen bereit sind, wenn sie merken, dass das Unternehmen einen Stellenabbau vermeiden will.

---

[26] Vgl. Plankert (2009), S. 8

Mögliche Instrumente zur Vermeidung von Personalabbau sind

- Kurzarbeit und Nutzung von Zeitüberschüssen für Weiterbildungen oder den Abbau von Überstunden
- Kürzung von Sonderleistungen wie Urlaubs- und Weihnachtsgeld oder Boni
- Verzicht auf Lohn- und Gehaltsforderungen oder Mehrarbeit ohne Lohnausgleich.[27]

Durch derartige Maßnahmen kann es gelingen, die Liquiditätslage im Unternehmen entscheidend zu verbessern. Und die

---

[27] Vgl. Buschmann (2006), S. 124

Unterstützungsbereitschaft dürfte gerade in unsicheren Zeiten hoch sein.[28] Von zentraler Bedeutung ist dabei, zu verhindern, dass die Mitarbeiter innerlich kündigen, etwa wenn das Unternehmensimage stark beschädigt ist, Gehaltseinbußen durch Insolvenzgefahr drohen oder es kaum Entwicklungsmöglichkeiten gibt.[29] Dies wirkt sich umso stärker aus, wenn die Mitarbeiter durch spezialisiertes Know-how eine starke Unternehmensbindung haben, da es keine Alternativen gibt oder die Kosten eines

---

[28] Vgl. ebd. Buschmann verweist an dieser Stelle auch auf die Probleme, die sich aus diesen Maßnahmen für die Unternehmen ergeben, wenn etwa die Gewerkschaften gegensteuern und ihren Forderungen mit Streiks Nachdruck verleihen. Dadurch können notwendige Umstrukturierungsmaßnahmen erheblich behindert oder sogar blockiert werden. Vgl. ebd., S. 125
[29] Vgl. ebd.

Wechsels zu hoch wären.[30] Dabei ist das Engagement der Mitarbeiter gerade in Krisenzeiten bedeutsam für den Unternehmenserfolg. Die Motivation der Mitarbeiter und insbesondere der Leistungsträger steht folglich an erster Stelle der Personalstrategie, die sich nicht nur an den Interessen des Unternehmens orientiert, sondern auch an den persönlichen Bedürfnissen der Mitarbeiter. Nach Englert bieten z.B. selbst knappe Gehaltsbudgets Möglichkeiten einer attraktiven Vergütung besonderer Leistungen, wobei auch nicht monetäre Anreizsysteme wie beispielsweise Personalentwicklungsmaßnahmen die

---

[30] Vgl. ebd.

Attraktivität der Vergütung steigern und somit Bindungskraft ausüben können.[31]

---

[31] Vgl. Englert (2008)

3.3 Mitarbeiterbindung

Qualifiziertes Personal an Unternehmen zu
binden ist folglich eine zentrale
Aufgabenstellung des Personalmanagements.
Denn Personalfluktuation verursacht nicht
nur, wie in Kapitel 2.3 bereits erwähnt,
Kosten. Darüber hinaus kommt es zum
Know-how-Abfluss und eventuellen
Störungen des Betriebklimas und der
Betriebsabläufe, wenn neue Mitarbeiter
eingearbeitet werden. Auch hier bildet
Vertrauen die Basis dafür, die Arbeitsweise
und Persönlichkeit der Mitarbeiter

anzuerkennen.[32] Strategien zur Mitarbeiterbindung sind also gleichermaßen wesentlich, um engagierte und qualifizierte Mitarbeiter im Unternehmen zu halten bzw. ins Unternehmen zu holen.[33] Es muss nicht jeder Mitarbeiter ans Unternehmen gebunden werden. Mitarbeiterbindung zielt vielmehr darauf ab, die „richtigen" Mitarbeiter zu binden. Die Mitarbeiter, die durch besondere Leistungen und Potenziale auffallen, und die, die am Arbeitsmarkt besonders schwer zu beschaffen sind. Commitment, Loyalität und Arbeitszufriedenheit sind die wesentlichen Zielgrößen einer effektiven Mitarbeiterbindung, deren Hauptaufgabe es

---

[32] Vgl. Bauer/Jensen (2004), S. 248
[33] Vgl. Kolb (2008), S. 137

ist, „dauerhaft wertvolle Leistungsbeiträge"

von den Mitarbeitern zu erhalten.[34]

Diese Leistungsbereitschaft stellt einen

enormen Unternehmenswert dar, den es

nicht nur zu erkennen, sondern auch

anzuerkennen und zu honorieren gilt. In

diesem Zusammenhang stellt sich die Frage

nach geeigneten Instrumenten für die

Mitarbeiterbindung. Studien haben ergeben,

dass Leistungsträgern, die langfristig in

einem Unternehmen gehalten werden sollen,

die Verfolgung persönlicher Ziele häufig

wichtiger ist als eine bessere Vergütung.[35]

Die Personalpolitik sollte darauf ausgerichtet

---

[34] Ebd., S. 138
[35] Vgl. Liebhart (2009), S. 49

sein, die persönlichen Ziele der Mitarbeiter

mit den Unternehmenszielen zu verbinden.

Wesentlich für die Mitarbeiter sind

Entwicklungs- und

Weiterbildungsmöglichkeiten und damit

Aufstiegschancen.[36] Mit einer gezielten

Karriereplanung im Unternehmen kann dem

vorgebeugt werden, dass der Mitarbeiter

diese durch einen Wechsel für realisierbar

hält. Weitere wesentliche Faktoren für die

dauerhafte Attraktivität eines Unternehmens

sind sein Image und das Betriebsklima. Fühlt

sich der Mitarbeiter nicht wohl, ist die Gefahr

einer inneren Kündigung groß. Wichtige

Aspekte sind daher auch ein gutes

---

[36] Vgl. Liebhart (2009), S. 49

Führungsverständnis der Vorgesetzten,
Anerkennung und Wertschätzung am
Arbeitsplatz und die stetig an Bedeutung
zunehmende Work-Life-Balance.[37]

---

[37] Vgl. ebd.

4   Schlussbetrachtung

Die Mitarbeiter sind das wesentliche Kapital

eines jeden Unternehmens. Daher sollte

selbst in Krisenzeiten stets versucht werden,

die Mitarbeiter im Unternehmen zu halten,

damit kein Know-how verloren geht, das in

Zeiten des Aufschwungs dann spürbar fehlt.

Ungewollte Personalfluktuation sollte also

möglichst vermieden werden, wobei es im

Wesentlichen darum geht, die

leistungsstarken Mitarbeiter im Unternehmen

zu halten. Vertrauen, Motivation,

Kommunikation und ein krisenangepasster

Führungsstil sind wesentliche Erfolgsfaktoren,

damit das Unternehmen auch in schwierigen

Zeiten seine Glaubwürdigkeit behält und die

Mitarbeiter sich für den Erhalt ihres

Unternehmens einsetzen. In einer

Atmosphäre gegenseitigen Verständnisses

sind Mitarbeiter eher bereit, Engpässe und

Auftragsrückgänge durch Kurzarbeit oder

Verzicht auf Teile des Gehaltes oder

Sonderleistungen auszugleichen. Ebenso

wichtig wie ein geeignetes

Personalmanagement in Krisenzeiten ist die

Implementierung der Mitarbeiterbindung als

strategisches Langzeitziel. Mit passenden

Instrumenten wie einer gezielten

Karriereplanung, Möglichkeiten des

Freizeitausgleichs im Zuge der Work-Life-

Balance, einer respektvollen Beziehung zwischen Vorgesetzen und Mitarbeitern, einem angenehmen Betriebsklima und gegenseitiger Anerkennung und Wertschätzung sollen Mitarbeiter nicht nur in Krisenzeiten an das Unternehmen gebunden werden, um ihr Know-how dort nutzbringend einzusetzen und auszubauen. Fließt dieses Know-how im Zuge von Personalfluktuation regelmäßig aus dem Unternehmen ab, entstehen hohe Kosten und die nächste Krise trifft das Unternehmen noch schneller und verheerender.

Literatur

Bauer, Hans H. & Jensen, Stefanie (2004):
Determinanten der Mitarbeiterbindung:
Überlegungen zur Verallgemeinerung der
Kundenbindungstheorie. In: Homburg,
Christian (Hrsg.): Perspektiven der
marktorientierten Unternehmensführung.
Wiesbaden: Gabler.

Bruch, Heike & Kunz, Justus Julius (2010):
Erfolgsfaktor Organisationale Energie –
gezieltes Energiemanagement durch
strategische Personalentwicklung. In: Meifert,
Matthias (Hrsg.): Strategische
Personalentwicklung. Ein Programm in acht
Etappen. 2. Aufl. Berlin; Heidelberg:
Springer. S. 445–460.

Buschmann, Holger (2006): Turnaround-
Management – Empirische Untersuchung mit
Schwerpunkt auf den Einfluss der
Stakeholder im Turnaround. Dissertation der
Universität St. Gallen.

Englert, Norbert (2008): Nachhaltiges

Personalmanagement in Krisenzeiten. Gefragt

sind Führungskräfte, die Vertrauen schaffen.

Online im Internet: URL: http://www.welt.de

/welt_print/article2895718/Gefragt-sind-

Fuehrungskraefte-die-Vertrauen-schaffen.

html. [Stand 15.06.2010].

Gabler Wirtschaftslexikon (2005). 16. Aufl.

Wiesbaden: Gabler.

Hentze, Joachim & Graf, Andrea (2005):

Personalwirtschaftslehre 2. 7. Aufl. Bern:

Haupt.

Kolb, Meinulf (2008): Personalmanagement.

Grundlagen – Konzepte – Praxis. Wiesbaden:

Gabler.

Krystek, Ulrich (2005): Krisenmanagement.

In: Gabler Wirtschaftslexikon. 16. Aufl.

Wiesbaden: Gabler.

Krystek, Ulrich & Moldenhauer, Ralf (2007):

Handbuch Krisen- und

Restrukturierungsmanagement. Generelle

Konzepte, Spezialprobleme, Praxisberichte.

Stuttgart: Kohlhammer.

Liebhart, Christian (2009):

Mitarbeiterbindung. Employee Retention

Management und die Handlungsfelder der

Mitarbeiterbindung. Hamburg: Diplomica.

Plankert, Nicole (2009): Grundlagen der

Krisenkommunikation. In: Plankert, Nicole &

Michael Zerres (Hrsg.):

Unternehmenskommunikation. Die Kunst,

gestärkt aus einer Krise hervorzugehen.

Hamburger Schriften zur Marketingforschung.

Bd. 71. München; Mering: Rainer Hampp.

Wlecke, Ulrich (2006): Vertrauen und

Transparenz in Unternehmenskrisen. In:

Hutzschenreuther, Thomas & Griess-Nega

(Hrsg.): Krisenmanagement. Grundlagen –

Strategien – Instrumente. Wiesbaden:

Gabler.